Todos los libros de Linkgua Ediciones cuentan con modelos de Inteligencia Artificial entrenados por hispanistas. Pregúntale al chat de tu libro lo que desees acerca de la obra o su autor/a.

Para ebooks: Accede a nuestro modelo de IA a través de este enlace.

Para libros impresos: Escanea el código QR de la portada con tu dispositivo móvil.

Obtén análisis detallados de nuestros libros, resúmenes, respuestas a tus preguntas y accede a nuestras ediciones críticas generativas para una experiencia de lectura más enriquecedora.
La transparencia y el respeto hacia la autoría de las fuentes utilizadas son distintivos básicos de nuestro proyecto. Por ello, las respuestas ofrecen, mediante un sistema de citas, las fuentes con las que han sido elaboradas.

Bartolomé Mitre

El general Las Heras

Barcelona 2024
Linkgua-ediciones.com

Créditos

Título original: El general Las Heras.

© 2024, Red ediciones S.L.

e-mail:info@red-ediciones.com

Diseño de cubierta: Michel Mallard.

ISBN rústica: 978-84-9816-772-6.
ISBN ebook: 978-84-9897-630-4.

Sumario

Brevísima presentación

La vida

Bartolomé Mitre (1821-1906). Argentina.

Nació en Buenos Aires y muy joven se enfrentó con sus escritos al dictador Juan Manuel de Rosas. Tras exiliarse en Chile, Bolivia y Perú, Mitre regresó a Argentina en 1852 y participó en el derrocamiento de Rosas. En 1853 fue nombrado ministro de Guerra del gobierno provincial de Buenos Aires, y se opuso al plan de Urquiza que pretendía que la provincia se integrase en la República Argentina. En 1859, las tropas de Mitre fueron derrotadas por Urquiza en la batalla de Cepeda, y Buenos Aires se integró en la federación. Mitre fue nombrado gobernador de la provincia de Buenos Aires en 1860 y logró derrotar a Urquiza en la batalla de Pavón (1861).

En 1862 fue elegido presidente de la República. Durante su presidencia, Argentina, aliada con Brasil y Uruguay contra Paraguay, participó en la guerra de la Triple Alianza (1865-1870). En 1868 fue derrotado en las elecciones presidenciales por Domingo Faustino Sarmiento. Mitre fundó entonces en Buenos Aires el periódico La Nación, en 1870. Escribió poemas y obras históricas, y tradujo a autores clásicos.

Su carta-prefacio en prosa motivada por una diatriba de Domingo F. Sarmiento es una defensa de la poesía que muestra el poder y la influencia de ésta en distintas civilizaciones. Su única novela, Soledad (1847), puede ser inscrita en el movimiento romántico.

I

Hay héroes de circunstancias que ocupan y abandonan bulliciosamente la escena de la historia. Por una ilusión de óptica a veces aparecen grandes a los ojos de sus contemporáneos, más bien por el medio en que viven y los accesorios que los rodean, que por sus propias calidades y por sus propias acciones.

Estos son los héroes teatrales de la historia. Para brillar, necesitan de las luces artificiales de la popularidad pasajera. Solo se estimulan con los aplausos de la calle y de la plaza pública. No hay elocuencia posible para ellos sino en lo alto de la tribuna y en medio de una pomposa decoración, ni heroísmo sino en presencia de millares de testigos. Esclavos de ajenas pasiones y de su propia vanidad, solo conciben la gloria en un carro triunfal arrastrado por adoradores. Prefieren una corona de cartón dorado, con tal que todos la tomen por oro buen a ley, a la inmortal corona del laurel sagrado que solo resplandece en la oscuridad de la tumba. Hambrientos de vanagloria, ebrios de aplausos, enfermos de celos y de vanidad pueril, el aplauso de la propia conciencia no llega a sus oídos, la verdadera gloria no les satisface, el silencio los anonada, la soledad les hace creerse muertos, y el retiro es para ellos como el vacío de la máquina neumática que apaga los sonidos.

Sobre la tumba de éstos nunca se escribió el sublime epitafio de Esparta: «Murieron en la creencia de que la felicidad no consiste ni en vivir ni en morir, sino en saber hacer gloriosamente lo uno y lo otro».

Los hombres grandes por sí mismos, que no trafican con la gloria, para quienes el mando es un deber, la lucha una noble tarea, y el sacrificio una verdadera religión; los que al abandonar el teatro de la vida pública no tienen que despojarse a su puerta de las galas prestadas de un día, y queman el aceite de su propia vida en la lámpara de sus vigilias, ésos viven en paz y conversan familiarmente con el genio de la soledad, que en el silencio serena su alma agitada por las tempestades populares. A esos hombres sienta bien el modesto retiro en que pueden ser estudiados y estimados por lo que en sí valen, despertando la admiración o la simpatía por calidades superiores a los engañosos prestigios de la prosperidad.

Tales o semejantes reflexiones hacía en una hermosa y apacible tarde de verano del año de 1848, atravesando la magnífica alameda de Santiago de Chile, y dirigiéndome a uno de los barrios más apartados de la ciudad, donde vivía y murió el general don Juan Gregorio de Las Heras, capitán ilustre y libertador de tres repúblicas, republicano sencillo y desinteresado, que siendo uno de los héroes más notables de la epopeya de la independencia americana, vivía tranquilo en el retiro, sin espada, sin poder y sin fortuna.

Iba a pagarle la visita que infaliblemente hacía este soldado lleno de cortesía, a todo argentino que llegaba a aquel país; y al hacerlo, era arrastrado por algo más que un deber social, pues, admirador de sus grandes servicios y virtudes, había encontrado en él un héroe según mi ideal, y un hombre según mi evangelio. Al dirigirme a su casa, podía contemplar a la distancia las nevadas cordilleras de los Andes, a cuyo pie está el memorable campo de Chacabuco; y mi vista se perdía en la vasta llanura del valle de Maipo y los caminos que desde él conducen al sur de Chile, donde Las Heras, siguiendo las huellas de San Martín, se había ilustrado en grandes batallas y gloriosos combates.

Lleno de estas ideas, de estos recuerdos y de este espectáculo grandioso, llegué a su antigua casa de familia, cuya arquitectura pertenece a la época colonial, no ocurriéndoseme, como se me ocurre hoy, que era singular que quien más había contribuido a destruir aquel régimen con su espada, hubiese encontrado en medio de tantas ruinas como hizo con ella, un viejo techo con el sello de la dominación española, donde abrigar su cabeza en el invierno de la vida, para morir en paz a su sombra.

El interior de la casa participa del carácter semirrústico y semiurbano del apartado barrio en que está situada. Penétrase a ella por un ancho portal que conduce a un vasto patio, especie de plaza de armas donde podría acampar cómodamente el famoso batallón número 11 que tantas veces condujo a la victoria el antiguo veterano.

Hacia la derecha se encuentra una ancha escalera que va a dar a una galería alta que rodea parte del segundo patio. Ocupado por un melancólico jardín, en cuyo centro se elevaba, en aquella época, un pino marítimo que, batido desde temprano por los vientos, había sido necesario apuntalar.

La primera puerta que se encuentra es la de la pieza donde habitualmente recibía el general. Sencillamente amueblada, era a la vez su sala de recibo, su gabinete de estudio, y su cuarto de descanso. Allí se veían sus libros, que siempre se ocupaba de leer, el sofá donde reposaba de sus dolencias y la mesa donde escribía sus cartas y sus apuntes históricos, siendo de notar que, en aquella estancia, que tenía algo de la austeridad militar, no se veía ningún trofeo, ninguna arma, nada que recordase que el que la habitaba era un héroe que manejó la espada y rigió ejércitos y pueblos como general y como gobernante.

Hallábase esa tarde de visita un anciano de exterior algo adusto, que tenía cerca de sí las muletas en que se apoyaba para caminar, y a quien el general me presentó como a un amigo y compatriota. Eraldon Manuel Barañao, nacido en la

República Argentina, coronel de los Húsares del Rey en las campañas de Chile. Reputado por los españoles como una de las primeras espadas de su ejército, a su ausencia en el campo de Chacabuco se atribuyó, no sin alguna razón por los realistas, la pérdida de aquella batalla. No dejó de sorprenderme en el primer momento aquella intimidad de dos antiguos guerreros que habían militado bajo opuestas banderas y por distintas causas. Luego encontré grande y noble aquella reconciliación efectuada al fin de sus años, cuando el uno podía gozarse en el fruto de sus gloriosas fatigas, y el otro podía vivir tranquilo a la sombra de la ley que había combatido. Más tarde pude reconocer en el coronel Barañao cualidades que le hacían digno de la amistad del general. Reconciliado con la democracia triunfante contra sus esfuerzos, y argentino de corazón a pesar de haberse opuesto a la emancipación de su patria, tuve ocasión, en un banquete de emigrados argentinos, en conmemoración del 25 de Mayo, de brindar con él en honor de la independencia americana.

La amistad con que en aquella época me honro el general Las Heras, y la simpatía que despertó en mí la nobleza de su carácter y la franca amabilidad de su trato, me hicieron nacer el deseo de conocer más detalladamente sus servicios a la causa de la independencia americana. Encontré que el héroe era más grande aún, visto al través de la historia, como había encontrado que el hombre era más interesante visto de cerca, despojado de los prestigios exteriores que hacen a veces aparecer a los poderosos más grandes de lo que realmente son.

Con tal motivo, tuve que apreciar otro rasgo notable de su carácter. El general Las Heras, como todos los hombres de acción que han ejecutado grandes cosas, hablaba muy pocas veces de sus campañas y casi nunca de su participación en ellas, no obstante poseer cierta elocuencia militar y expresarse con animación y colorido toda vez que la corriente de la conversación lo llevaba insensiblemente a ocuparse de la guerra de la independencia. Así es que las noticias que recogí sobre su vida, las obtuve por otros conductos que el suyo, habiéndome hecho un deber de respetar en él esa modestia que tan bien le cuadraba. Tan solo una vez le pedí que me acompañase a visitar el memorable campo de batalla de Maipo, a lo que se prestó de buena voluntad, como un homenaje al general San Martín, del cual se ocupaba con frecuencia y siempre con admiración y respeto.

II

El general don Juan Gregorio de Las Heras nació en Buenos Aires, el 11 de julio de 1780, casi al mismo tiempo en que su futuro general y compañero nacía en un pueblo arruinado de las Misiones.

Al empezar el siglo viajó como comerciante por Chile y el Perú, que más tarde debía visitar como guerrero y como libertador.

Al estallar la revolución del año 10, había pasado de los treinta años. Como todos los jóvenes entusiastas de aquella época, y casi al mismo tiempo en que don José María Paz -con quien se hallaba en Córdoba- abandonaba sus estudios para ceñir la espada, Las Heras abandonaba el comercio y se alistaba decididamente bajo la bandera revolucionaria.

Nombrado capitán de milicias por el gobierno patriota, fue elevado al rango de sargento mayor en 1813, para marchar en calidad de segundo jefe de la columna auxiliar que se dispuso enviar a Chile a las órdenes del comandante don Santiago Carrera, en retribución del auxilio de fuerzas que aquel país había dado poco antes en apoyo de la revolución argentina.

La división se componía de poco más de trescientos hombres de infantería reclutados en las provincias de Córdoba y Cuyo. En el mes de septiembre de 1813 pasé la cordillera, siendo ésta la primera fuerza militar que llevó la bandera de la revolución fuera de los límites del antiguo virreinato, pues los primeros ejércitos patriotas por la parte del Perú no habían pasado del Desaguadero, que era su frontera norte.

A la llegada de la división auxiliar argentina, la situación de Chile era muy crítica. Reforzadas las guarniciones españolas del sur, habían vuelto a tomar la ofensiva, y ocupaban la mayor parte del país hasta Concepción. El gobierno, debilitado por las luchas intestinas y por los recientes contrastes de los Cartera, había confiado el mando del ejército al general O'Higgins, quien se ocupaba en organizarlo, mientras el coronel Mackenna, su segundo, obraba a vanguardia con una pequeña división de más de trescientos hombres. A esta división se incorporaron los auxiliares argentinos, que más tarde fueron mandados por el coronel don Marcos Balcarce, y finalmente quedaron a las órdenes de Las Heras.

El ensayo de los auxiliares argentinos fue brillante. El 22 de febrero de 1814 el mayor Las Heras, a la cabeza de 100 auxiliares, en la confluencia del Itata y del Nuble, salvó la división Mackenna de un contraste, preparándole un inmediato triunfo, por cuya acción fue recomendado en el parte de aquella jornada, con el título de "valerosos", que no debía desmentir en adelante. Por esta hazaña decretó el gobierno un escudo de honor con este lema: "La patria a los valerosos de Cucha Cucha, auxiliares de Chile, año de 1814". Un mes permaneció la división Mackenna en el Membrillar, donde, rodeada de peligros y por fuerzas muy superiores, tuvo que atrincherarse, hasta que a la proximidad de la división O'Higgins que venía en su auxilio, y que en esta ocasión dio la batalla de Quilo, tuvo lugar la victoria del mismo nombre (Membrillar), el 20 de marzo de 1814, en que Balcarce y Las Heras se distinguieron muy particularmente, según el testimonio de todos los historiadores chilenos.

Reunido el ejército, tuvo que replegarse hasta el Maule, a consecuencia de algunos contrastes sufridos por otras divisiones patriotas; hallándose sucesivamente Las Heras y los auxiliares en los combates de "tres Montes", paso del río Claro, y la brillante defensa de Quecheraguas, en que el ejército patriota hizo pie firme, obligando al enemigo a retroceder y encerrarse en Talca.

A pesar de estos esfuerzos, la caída de la revolución chilena fue inevitable. Después de algunas negociaciones de paz entre ambos ejércitos, interrumpidas por revoluciones y combates entre soldados de la misma causa, tuvo lugar la derrota de Rancagua, el 26 de agosto de 1814, de cuyo contraste solo se salvó organizado el cuerpo de auxiliares, que hallándose en Aconcagua, volvió a pasar la cordillera conducido por su bizarro comandante, después de proteger la salvación de los emigrados y cubrir la retaguardia de los derrotados.

III

Las Heras se situó en Mendoza con los auxiliares.

San Martín organizaba a la sazón allí el plantel del memorable Ejército de los Andes, destinado a dar libertad a la mitad de la América del Sur. Los auxiliares argentinos de Chile se agregaron a él, y formaron el plantel del famoso batallón núm. 11, cuyo mando se confió al comandante Las Heras, que a su cabeza debía conquistar nuevos laureles.

El general San Martín le distinguió desde luego con su confianza, y encontró en él un inteligente y eficaz cooperador para la organización del ejército.

En la reconquista de Chile, elevado ya al rango de coronel, tuvo el mando de la primera división del ejército con la cual atravesó por segunda vez los Andes por Uspallata, llevando la vanguardia. Al frente de ella le cupo la fortuna de obtener el primer triunfo de la campaña, el día 14 de febrero de 1817, en que la Guardia Vieja fue tomada por asalto, llevando el ataque el mayor don Enrique Martínez, quedando toda la guarnición española muerta o prisionera.

Enseguida descendió de las alturas, posesionándose por una hábil maniobra del valle y de la villa de Santa Rosa, operando allí su reunión con la división de Soler, que había atravesado Los Patos y ocupado el valle de Putaendo, con lo cual aseguró el éxito de aquel famoso pasaje de los Andes, conquistándose luego toda la provincia de Aconcagua.

En la batalla de Chacabuco, a la cabeza del batallón núm. 11, formó parte de la columna que a las órdenes del general Soler atacó al enemigo por el flanco. Penetrando en sus filas a la bayoneta, fue uno de los que, a la par de sus bravos compañeros Necochea y Zapiola, contribuyó a fijar la victoria de los patriotas el 12 de febrero de 1817.

Pocos días después (el 19 de febrero), Las Heras marchaba al sur de Chile, a la cabeza de una pequeña división de las tres armas, con el objeto de perseguir al enemigo que procuraba rehacerse del otro lado del Maule.

Desde esta época empieza Las Heras a obrar como general en jefe, y acreditar su pericia militar y el temple heroico de su alma.

Atacado por fuerzas superiores mandadas por el entendido y valeroso coronel español Ordóñez, obtuvo un brillante triunfo en Curapaligüé, el 4 de abril, a distancia de cinco leguas de Concepción, arrebatando al enemigo su artillería.

Las Heras entró triunfante en la ciudad de Concepción de Penco, dejando establecido su campamento en el inmediato cerro del Gavilán, nombre que debía muy luego ilustrarse con otra victoria.

La división de Las Heras, reforzada por la columna del comandante Freyre, constaba de poco más de 1.200 hombres de las tres armas. Posesionado el enemigo de las fortificaciones de Talcahuano, dueño de la navegación del mar Pacífico, y ocupando todo el sur del Bío Bío, con fuertes guarniciones cubiertas por fortificaciones y obstáculos naturales, era imposible que Las Heras completase su destrucción con los pequeños medios que tenía a su mando.

Su posición llegó a ser crítica. Reforzado Ordóñez con más de 1.600 soldados aguerridos, se dispuso a caer sobre Las Heras y acabar con él, reuniendo para el efecto fuerzas muy superiores. Advertido de ello, Las Heras había pedido ser reforzado, y el mismo director O'Higgins venía a marchas forzadas en su protección. El 5 de mayo debía tener lugar la reunión. El 4 escribía Las Heras a O'Higgins: "Al alba pienso ser atacado, y si V. E. no acelera sus marchas a toda costa en auxilio de estas divisiones, pudiera tener un fatal resultado para el país".

El día 5 de mayo al amanecer fue en efecto atacado por fuerzas superiores dirigidas por Ordóñez y Morgado, los dos mejores militares del ejército realista. Después de un reñido combate de algunas horas, lleno de peripecias interesantes, en que toda la artillería patriota quedó desmontada, la victoria se declaró al fin por Las Heras, dejando el enemigo en el campo casi toda su artillería (3 piezas), 250 fusiles y como 230 hombres de pérdida entre muertos y prisioneros, con solo la pérdida por su parte de 6 muertos y 70 heridos.

Este glorioso hecho de armas se llamó la batalla del Gavilán. O'Higgins, que a la distancia había oído los cañonazos de la batalla, solo llegó a tiempo para saludar al vencedor por su espléndida victoria.

IV

Después de esto, O'Higgins tomó el mando del ejército y puso sitio a Talcahuano.

El plan de Las Heras para dar el asalto a las fortificaciones de Talcahuano habría dado probablemente el dominio de aquella importante plaza. La preferencia que se dio al plan del general Brayer, rodeado del prestigio que le daba la distinción que Napoleón hizo siempre de su capacidad militar, costó al ejército un descalabro y la pérdida de 400 soldados.

Las Heras, caballeroso como siempre, se prestó a ejecutar la parte más peligrosa del plan de Brayer, mientras que éste, fuera del alcance del tiro de cañón, estudiaba los progresos del ataque. A la cabeza de su columna, a pie y con la espada desenvainada debajo del brazo, marchó al ataque a paso de carrera, como un héroe antiguo, y, bajo un fuego terrible de todas las baterías de la parte del puerto, dio el asalto a la formidable posición del Morro de Talcahuano, rellenando los fosos con salchichones, coronando el muro y arrollando al enemigo a la bayoneta. Es el único hecho de este género que recuerda la historia americana.

Imposibilitado de forzar las líneas interiores del enemigo, malogrado el ataque del centro y aislado el triunfo obtenido por el extremo opuesto, O'Higgins dio la señal de retirada. Las Heras la ejecutó con una habilidad y sangre fría admirables bajo el fuego de una terrible artillería, salvando a todos sus heridos, clavando los cañones de las baterías españolas y conduciendo hasta a los prisioneros que había hecho, dejando al enemigo atónito con su denuedo.

Este descalabro obligó a levantar el sitio, tocándole a Las Heras cubrir la retirada del ejército.

Abierta de nuevo la campaña bajo la dirección de San Martín, para batir al ejército realista considerablemente reforzado, los patriotas fueron sorprendidos y deshechos en la noche del 19 de marzo de 1818. Las Heras fue el héroe de aquella triste jornada.

Cuando todo era confusión, él mantuvo el orden en el costado derecho que mandaba, reunió así a los dispersos y salió del campo del combate salvando 3.000 hombres y 12 piezas de artillería, con los cuales hizo una retirada de 80 leguas, presentándose a San Martín, que lo recibió con los honores de un triunfador. Bien lo merecía, pues se le presentaba como Dessaix a Napoleón después de la primera derrota de Marengo, y podía decir: "Hemos perdido una batalla, pero aun tenemos tiempo de ganar otra".

Al abrirse en consecuencia las nuevas operaciones, Las Heras, que había perdido su equipo en Cancha Rayada, no tenía casaca que ponerse. San Martín, que no tenía ni veinticinco pesos de que disponer, ordenó a su asistente diese a Las Heras la mejor casaca de su valija. ¡La mejor casaca de San Martín estaba rota!

En efecto, dieciocho días después, el 5 de abril de 1818, el ejército argentinochileno obtenía la espléndida victoria de Maipo, una de las más notables y completas de la guerra de la independencia. Las Heras mandaba en aquel día la derecha de la línea y a la cabeza de un batallón sostuvo un terrible combate, coronado por el éxito, tocándole al fin ser uno de los que completaron la victoria a la retaguardia del enemigo.

V

Próxima a realizarse la expedición del Perú que meditaba San Martín, la guerra civil que devoraba a la República Argentina, indujo al gobierno llamar a sí el Ejército de los Andes, para consolidar su autoridad vacilante y dominar el desorden.

Las Heras se hallaba interinamente al mando del ejército. San Martín, comprendiendo que la revolución se perdía si tal resolución se llevaba a cabo, hizo renuncia del mando del ejército, dirigiéndose por una nota a los jefes en atención a que el gobierno nacional había en cierto modo caducado, ofreciendo sus servicios al jefe que se nombrase para substituirlo.

Nunca fueron más grandes que este día los compañeros de San Martín, y en especial Las Heras, llamado por su reputación y sus servicios al mando del ejército. Fue el primero que se pronunció contra la aceptación de la renuncia, y a su ejemplo todos confirmaron en el mando al general San Martín, salvando así la revolución americana, que nunca estuvo en más inminente riesgo de perderse.

Nombrado mayor general del ejército, dirigió como tal los aprestos de la expedición al Perú, siendo el primero que pisó este suelo al frente de una división que se posesionó de Pisco en 1820.

A la entrada del ejército libertador a Lima, fue nombrado general en jefe, y estableció el sitio contra los castillos del Callao, mandando en persona el malogrado ataque que dio sobre aquéllos. Permaneció en el Perú hasta 1821 en que se separó del ejército, disgustado con San Martín, quien le vio alejarse con profunda tristeza, según consta de su correspondencia privada. Los dos murieron, empero, amándose y estimándose.

En 1824 fue nombrado gobernador de Buenos Aires, para suceder al general don Martín Rodríguez, que había terminado su período legal. Su gobierno es uno de los mejores que ha tenido Buenos Aires.

Cumplió la ley, administró bien las rentas, hizo prosperar al país, le dio respetabilidad dentro y fuera, y trabajó con éxito para la reorganización nacional por medio de la reunión de un congreso que se verificó en Buenos Aires a fines de 1824.

En enero de 1824 fue nombrado encargado del poder ejecutivo nacional. Esta época fue señalada por actos notables que corresponden a la historia.

Realizada la unión nacional bajo sus auspicios, y nombrado presidente de la república don Bernardino Rivadavia, le hizo entrega de la autoridad general depositada en sus manos. Poco después dejó de ser gobernador de Buenos Aires, a consecuencia de la ley de capitalización que preparaba la organización unitaria de la república.

Su despedida oficial fue amarga, tal vez mal aconsejado por ambiciones de segundo orden; pero en el fondo de su corazón no quedó ningún rencor, y con noble y elevado patriotismo hizo votos por la felicidad de su patria.

Uno de los compañeros de armas, que ha sido también el historiador de aquella época, ha dicho que Las Heras se retiró entonces a Chile, resentido tal vez del modo pomposo y altanero con que Rivadavia lo había tratado, y con tal motivo ha formulado este juicio sobre él: "Las Heras es uno de los primeros y más valientes defensores de la república, y a la franqueza y firmeza de un soldado, y a la probidad más sin tacha en su conducta como funcionario público, reunía una deferencia escrupulosa al cuerpo legislativo".

Acogido en Chile como uno de sus mejores hijos, continuó desde su retiro ocupándose de la suerte de su patria, y prestándole en algunas circunstancias servicios de consideración.

Cuando su patria, después de treinta años de olvido, lo reconoció como general y le mandó abonar el sueldo que hasta entonces le había pasado la República de Chile, recibió esta distinción con modestia y gratitud, creyendo que recibía gracia en lo que se le debía de justicia.

VI

El general Las Heras, al tiempo de morir, era el Bayardo de la República Argentina, el militar sin miedo y sin reproche, decano de los ejércitos americanos, por su edad, por sus servicios y por sus elevadas cualidades morales.

En su avanzada edad, y a pesar de las dolencias que lo aquejaban, conservaba aún cuando lo vi por la última vez en Chile, en 1850, toda la arrogancia del soldado, y el reflejo de su belleza varonil de sus heroicos años. Su talla era alta y erguida; su ojo negro, profundo y chispeante, respiraba la firmeza y la bondad, y en sus maneras se notaba algo de la habitud del mando, unida a la exquisita cortesanía de los hombres de su tiempo. En aquella época le vi una vez de grande uniforme en medio del estado mayor de Chile, y su imponente figura militar eclipsaba a todas llamando sobre él la atención del pueblo que veía en él al representante de sus más queridas glorias.

El general Las Heras pensaba siempre en su patria y seguía desde lejos su movimiento.

En prueba de ello, he aquí la última carta que recibimos de él, lo que dará una idea de su estilo, de sus sentimientos y de su modo de juzgar los acontecimientos contemporáneos:

Es de fecha 30 de diciembre del año 1863, y dice entre otras cosas. "Es un obsequio para un pobre viejo como yo, el recibir tantas consideraciones. No hablemos de los hechos de la guerra de la independencia; en ella hemos hecho lo que hemos podido, y lo que era nuestro deber. Pero cuando desde mi soledad estudio por los diarios y contemplo el progreso de que es deudora a ustedes nuestra patria, me asombro y me complazco en ello, comparando la época presente con la que me tocó mandar en ésa, en la que a cada paso tenía que tropezar con la escasez de recursos y con las preocupaciones, que nunca me permitieron ni aun dar a la guardia nacional la organización que la ley señalaba. Como argentino y como americano doy a usted las gracias por la noticia que me da del tratado celebrado con la España. Este es un verdadero triunfo americano, que hará recordar esta época con entusiasmo".

El general Las Heras murió en Santiago de Chile el 6 de febrero de 1866, a los 86 años de edad.

El gobierno de Chile honró su memoria decretándole exequias nacionales y el pueblo chileno asistió a sus funerales, confirmando la palabra de uno de sus historiadores: "La historia del general Las Heras es la historia de Chile".

No necesité apelar a la posteridad para esperar justicia y afirmar la corona sobre sus sienes. El juicio que el pueblo solo pronuncia en los funerales de sus héroes, fue pronunciado en vida y para honor y gloria de él y de su patria, por los hijos de la heroica generación a que perteneció, que es la posteridad a que apelaba el general San Martín, su ilustre maestro y compañero de gloria.

Libros a la carta

A la carta es un servicio especializado para
empresas,
librerías,
bibliotecas,
editoriales
y centros de enseñanza;
y permite confeccionar libros que, por su formato y concepción, sirven a los propósitos más específicos de estas ins-
tituciones.

Las empresas nos encargan ediciones personalizadas para
marketing editorial o para regalos institucionales. Y los in-
teresados solicitan, a título personal, ediciones antiguas, o
no disponibles en el mercado; y las acompañan con notas y
comentarios críticos.

Las ediciones tienen como apoyo un libro de estilo con
todo tipo de referencias sobre los criterios de tratamiento
tipográfico aplicados a nuestros libros que puede ser consul-
tado en Linkgua-ediciones.com.

Linkgua edita por encargo diferentes versiones de una
misma obra con distintos tratamientos ortotipográficos (ac-
tualizaciones de carácter divulgativo de un clásico, o versiones estrictamente fieles a la edición original de referencia).

Este servicio de ediciones a la carta le permitirá, si usted
se dedica a la enseñanza, tener una forma de hacer pública
su interpretación de un texto y, sobre una versión digitaliza-
da «base», usted podrá introducir interpretaciones del texto
fuente. Es un tópico que los profesores denuncien en clase
los desmanes de una edición, o vayan comentando errores
de interpretación de un texto y esta es una solución útil a esa
necesidad del mundo académico.

Asimismo publicamos de manera sistemática, en un mismo catálogo, tesis doctorales y actas de congresos académicos, que son distribuidas a través de nuestra Web.

El servicio de «libros a la carta» funciona de dos formas.

1. Tenemos un fondo de libros digitalizados que usted puede personalizar en tiradas de al menos cinco ejemplares. Estas personalizaciones pueden ser de todo tipo: añadir notas de clase para uso de un grupo de estudiantes, introducir logos corporativos para uso con fines de marketing empresarial, etc. etc.

2. Buscamos libros descatalogados de otras editoriales y los reeditamos en tiradas cortas a petición de un cliente.

www.ingramcontent.com/pod-product-compliance
Lightning Source LLC
Chambersburg PA
CBHW020446030426
42337CB00014B/1418